9449

ODE

SUR

LA PAIX,

Par M. RACINE, de l'Académie
Royale des Inscriptions &
Belles-Lettres.

A PARIS,

Chez JACQUES GUERIN, Libraire-Impri-
meur, Quai des Augustins.

M. DCC. XXXVI.

LETTRE

DE MONSIEUR RACINE

A M. **.

A Soiſſons ce 30. Mars 1736.

VOus me reprochez, Monſieur, d'avoir quitté les Muſes, & vous me demandez quand on verra enfin le Poëme de la Religion. Cette matiere eſt ſi importante, que ce n'eſt pas aſſez pour un pareil Ouvrage, des neuf ans de repos qu'Horace demande. Je pratique à la rigueur le conſeil de M. Rouſſeau : j'ai paſſé la moitié de ma vie à compoſer ce

A ij

Poëme ; je compte paſſer l'autre moitié à le corriger. J'ai d'autant plus de raiſon, que je ſuis diſtrait continuellement par des occupations auſſi étrangeres à la Religion qu'à la Poëſie. Cependant le grand événement que nous attendons, m'a réchauffé, & m'a inſpiré une Ode ; mais comme elle part d'une Muſe qui ſe réveille après avoir dormi long-temps, je crains qu'elle ne ſe ſente de ſon aſſoupiſſement.

Je vous envoye cette Ode. Vous êtes un ami trop véritable, pour la montrer, ſi elle n'en vaut pas la peine, & vous êtes plus capable qu'un autre d'en juger, par votre attachement toûjours conſtant pour le bon goût ; fidélité qui devient rare.

J'ai d'autant plus lieu de craindre pour mon Ode, que je ne ſuis point accoûtumé au ſtile des loüanges : j'ai toûjours été perſuadé qu'un Poëte honnête homme, doit éviter la flatterie, preſqu'autant que la médiſance ; mais ſi c'eſt une baſſeſſe de prodiguer fon encens mal-à-propos , ce feroit un crime dans une pareille occafion, de ne pas l'offrir. Il eft vrai que fon Eminence n'en a pas befoin ; la voix du Peuple élévera fa gloire beaucoup mieux que nos Vers. Je ne doute pas cependant que tous les Poëtes ne s'animent aujourd'hui ; ils chanteront mieux que moi ; mais j'aurai toûjours la fatisfaction d'avoir commencé.

J'ai établi le lieu de ma Scene fur le Parnaffe, & j'y ai placé le Temple de la Gloire. Je me fuis crû cette fiction permife : quoique les Poëtes ne foient pas grands édificateurs , comme difoit Voiture , ils ont cependant la liberté de bâtir partout où ils veulent , furtout le Temple de la Gloire , pour lequel je ne vois pas qu'ils ayent encore choifi un terrain fixe. Je laiffe à quelque humeur trifte la peine de l'éléver fur une montagne aride & efcarpée. Pour moi j'aime mieux croire que les grands Hommes fe raffemblent après leur mort fur

le Parnaffe. Ils ont été pendant leur vie
amis des Mufes; il n'eft point de grand
Homme, même fans être Poëte, qui ne les
aime;

Carmina amat quifquis carmine digna gerit.

Il eft donc naturel de placer les ames des
Heros parmi les Mufes , à la Cour du
Dieu qui difpenfe l'Immortalité. Je fuis ,
Monfieur , avec les fentimens de l'amitié
la plus fincere , &c.

O D E

SUR LA PAIX.

DANS ces retraittes fortunées,
Sejour de gloire & de repos,
Où de leurs vertus couronnées
Regnent les ames des Heros ;
Près du Permeſſe, au milieu d'elles,
La troupe des Sœurs immortelles
Chantoit les armes des François ;
Nation dont l'heureux partage,
Dans tous les temps fut le courage,
Et la tendreſſe pour ſes Rois.

A iiij

ADMIREZ, difoit Terpfichore,
Ce feu qui la porte aux combats :
Elle venge un Roi qu'elle adore,
L'amour précipite fes pas.
L'Aigle fuperbe eft allarmée......
Dé Richelieu l'ame charmée
S'émeut au bruit de ces chanfons ;
Elle entend parler de vengeance,
Elle fe flatte que la France
N'a point oublié fes leçons.

CEPENDANT Virgile s'écrie :
La douleur n'eft donc que pour moi !
O Mantouë ! ô chere Patrie !
Ces guerriers vont fondre fur toi.
Ton lac te rend inacceffible ;
Mais quel obftacle eft invincible
A leur étonnante valeur ?
Philipsbourg pourra te l'apprendre ;
Le Rhin qui voulut le défendre,
N'en fit que hâter le malheur.

RASSÛRE-TOI, tout eſt tranquille,
Lui répond le Dieu des neuf Sœurs;
Moi-même j'ai craint pour ta ville,
Qui n'eût plaint l'objet de tes pleurs ?
Mais un jeune & nouvel Augufte
Eteint le courroux le plus jufte,
Et vient encore de fes mains,
Fermer le Temple redoutable,
D'où la Difcorde impitoyable
Souffloit la mort fur les humains.

DEJA par fes complots terribles,
Elle ébranloit tous les Etats,
Et déjà des Peuples paifibles
S'animoient au bruit des combats.
Dans une querelle étrangere
Ils vouloient mefler leur colere,
Tout étoit prêt à s'enflammer;
Et peut-être, d'une étincelle,
Le feu d'une guerre cruelle
Alloit pour jamais s'allumer.

FAUT-IL donc que le fer décide
De tous les differends des Rois?
Et que Mars, arbitre homicide,
Prouve leurs raisons & leurs droits?
Juge affreux qui les authorise!
Au moindre intérêt qui divise
Ces foudroyantes Majestez,
Bellone porte la réponse,
Et toûjours le salpêtre annonce
Leurs meurtrieres volontez.

PUISSE un Roi, l'amour de la terre,
Leur servir d'exemple aujourd'hui.
S'il a pris en main son tonnerre,
Il n'a frappé que malgré lui.
A sa bonté rendez hommage,
Tristes victimes de l'orage,
Pourquoi l'aviez-vous excité?
Vous qui craignez le bras terrible
D'un Prince autrefois si paisible,
Pourquoi l'aviez-vous irrité?

C'EN eſt fait, il daigne ſuſpendre
Ces armes que vous redoutez.
Conſolez-vous, il va vous rendre
Les places que vous regrettez.
Voiſins, relevez vos barrieres,
L'ardeur d'étendre ſes frontieres
N'a point animé ſes projets.
Ceſſez enfin, ceſſez de craindre;
Vous n'aurez jamais à vous plaindre
Que de n'être point ſes ſujets.

AVANCEZ l'inſtant favorable
Qui rendra l'univers heureux,
Et d'une Paix ſi deſirable,
Hâtez-vous d'affermir les nœuds.
De ces conférences fertiles
En débats toûjours inutiles,
Epargnez les froides longueurs.
Laiſſez, laiſſez à la prudence
Du Mentor ſi cher à la France,
Le ſoin de réünir les cœurs.

A fa tendreffe paternelle
Remettez tous vos intérêts ;
Et repofez - vous fur le zele
Du Confident de fes fecrets.
Bientôt charmés de vo're arbitre,
Vous direz : » C'eft à jufte titre
» Qu'on nous vante fon équité.
» Notre bonheur eft fon ouvrage ;
» Tant de vertus nous font un gage
» D'une longue tranquillité.

Dans les travaux inévitables,
Dont les Monarques font chargez,
Par ces Miniftres refpectables,
Heureux ceux qui font foulagez ;
Mais le Ciel qui les leur prépare,
Referve le don le plus rare
Pour un Monarque bienfaifant.
Son attentive providence,
* Louis Au * fameux pere de la France,
XII. Donne un Amboife pour préfent.

EXEMPT de fafte & d'avarice,
Ce fut lui qui, fimple en fes mœurs,
Par fa douceur & fa juftice
Grava fon nom dans tous les cœurs.
Eft-ce encor lui que l'on admire ?
Quel fage dans le même Empire,
Range auffi les cœurs fous fa loi ?
Il étend plus loin fa puiffance,
Il force à la reconnoiffance,
Jufqu'aux ennemis de fon Roi.

FAUT-IL s'étonner s'ils méprifent
Les richeffes & les Palais,
Ces hommes qui s'immortalifent
Par la grandeur de leurs bienfaits ?
Qu'ont-ils befoin qu'un édifice,
Sur fon faftueux Frontifpice,
Porte leurs noms pour ornement ?
Ils vivront affez dans l'Hiftoire ;
Le bien public eft de leur gloire
L'inébranlable monument.

DE ces paroles retentirent
Les échos du facré Vallon,
Et tous les Heros applaudirent
A la loüange d'Apollon.
Le feul Armand, en fa préfence,
Dans un refpectueux filence,
Etouffa fon jaloux tourment.
Sa cendre ici-bas fut troublée,
Et de fon pompeux Maufolée
Sortit un long gémiffement.

www.ingramcontent.com/pod-product-compliance
Lightning Source LLC
Chambersburg PA
CBHW061816040426

42447CB00011B/2675